AF288385

Esther Freudenberg
Alarm im Ehe-Weinberg
Die Bibel als Eheratgeber

Bibelzitate aus der Luther-Übersetzung 1975
(wenn nicht anders angegeben)

©2024 Lichtzeichen-Verlag GmbH, Lage
Satz & Gestaltung: Vernike Lovell
Illustrationen Innenteil: Esther Freudenberg
Bilder Buchumschlag: Shutterstock, Pexels

Best.- Nr.: 548569
ISBN: 978-3-86954-569-1

Für Martin,
meinen größten Segen auf dieser Welt.
Danke, dass du täglich auf unsere Mauer achtgibst
und mit mir und für mich betest.

Alarm
IM EHE-WEINBERG

Die Bibel als Eheratgeber

Esther Freudenberg

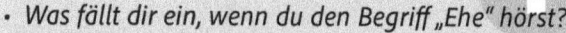

- *Was fällt dir ein, wenn du den Begriff „Ehe" hörst?*
- *Welches Bild würdest du für deine Ehe wählen?*
- *Wenn du die Dinge, die sie dir madig machen, mit einem Tier vergleichen müsstest, welches würde am ehesten passen? Warum?*

Im Hohenlied, dem Liebeslied der Bibel, wird die Ehe mit einem Weinberg verglichen (Hl 2,15). Ein Weinberg ist nicht etwas, das man mal eben aus dem Ärmel schüttelt. Er wird sorgfältig angelegt. Aber damit ist es nicht getan. Er braucht Pflege, damit er intakt bleibt und Früchte geerntet werden können. Das dauert seine Zeit. Außerdem muss er vor Eindringlingen geschützt werden. So ein Weinberg ist nämlich eine gefährdete Angelegenheit. Kleine Füchse, z. B., können den Boden zerwühlen und mit ihren spitzen Zähnen die Weinstöcke beschädigen.

Auch an anderen Stellen in der Bibel wird der Weinberg als ein Bild gebraucht und zwar für Gottes Volk. Hier wird Gott selbst als der Weingärtner beschrieben, der den Weinberg angelegt und mit allen Details versorgt hat. Auch eine bewahrende Mauer hat er um seinen Weinberg errichtet (Jes 5,1-7; Ps 80,9ff; Mt 21,33). Deshalb ist es schlecht um ihn bestellt, wenn diese Mauer beschädigt ist und Steine fehlen. Er wird von wilden Tieren „zerwühlt ... und ... abgeweidet." (Ps 80,14)

„Fangt uns die Füchse, die kleinen Füchse, die die Weinberge verderben; denn unsere Weinberge haben Blüten bekommen.", heißt es im Hohenlied (Hl 2,15) - „kleine Füchse" - das, was unserer Ehe schadet und sie kaputt macht. Sie schleichen außen vor der Mauer herum und warten nur auf eine Gelegenheit hereinzukommen. Ein kleiner Fuchs hat in der Regel Brüder und Cousins. Ist er erstmal im Weinberg, sind seine Familienangehörigen meistens nicht weit. Der Oberbefehlshaber der Füchse ist niemand anderes als der Erzfeind der Ehe, der auch gleichzeitig der Feind Gottes ist, der Satan. Jesus sagt über ihn: „... Der ist von Anfang an ein Mörder gewesen und steht nicht auf dem Boden der Wahrheit; denn die Wahrheit ist nicht in ihm. Wenn er die Lüge redet, so spricht er aus, was in ihm ist; denn er ist ein Lügner und der Vater der Lüge." (Joh 8,44)

Die Ehe ist Gottes geniale Idee. So ist es nicht verwunderlich, dass der Satan, wie bei anderen genialen Ideen Gottes auch, alles dransetzt, um sie zu verdrehen, missbrauchen und letztendlich zu zerstören.

Es ist ganz wichtig, das immer im Hinterkopf zu haben, wenn wir auf „Fuchsjagd" gehen, damit wir den wirklichen Feind bekämpfen, den „Vater der Lüge". Wir kämpfen nicht gegen unseren Ehepartner und gegen unsere Ehe, sondern gegen den eigentlichen Feind!

Das schaffen wir nicht aus eigener Kraft. Dafür müssen wir uns im Glauben und im Gebet mit Dem verbünden, der unseren Erzfeind besiegt hat, als er am Kreuz starb und drei Tage später vom Tod auferstand: Jesus Christus. Er ist die Wahrheit in Person (Joh 14,6), und was er uns in der Bibel sagt, hat die Kraft, die Lügen des Feindes zu entlarven und zu besiegen. Der höchste Herr legte alle seine Würde ab und kam in unsere kaputte Welt, um „die Werke des Teufels zu zerstören." (1Joh 3,8) Er kann und will uns helfen, Wahrheit zu glauben und Wahrheit zu leben: „Weise mir, HERR, deinen Weg, dass ich wandle in deiner Wahrheit." (Ps 86,11)

Die Füchse, die unseren Weinberg ruinieren, ernähren sich nämlich von Lügen. Eine Lüge gewinnt erst Macht über uns, wenn wir ihr Glauben schenken. Wenn wir dem Fuchs die Nahrung entziehen - sprich, nicht mehr die Lüge, sondern Gottes Wahrheit glauben, wird der Fuchs verhungern. Das kann eine Weile dauern, aber irgendwann hat die Wahrheit gewonnen.

Deswegen geht es bei den Füchsen vor allem darum, wem wir glauben: dem „Vater des Lichts" (Jak 1,17) oder dem „Vater der Lüge"? Entscheiden wir uns, Lügen zu leben oder Wahrheit zu leben?

In den folgenden Kapiteln wollen wir anhand dessen, was Gott uns in der Bibel sagt, ein paar dieser Lügen-Füchse auf die Schliche kommen, sie stellen und loswerden. Und wir wollen entdecken, wodurch unsere Ehe bewahrt und wieder hergestellt werden kann. Denn Wahrheit zu glauben und zu leben, ist nicht nur der Weg, die Füchse zu fangen, sondern sie ist auch wie eine sichere Mauer, die unseren Weinberg schützt. Wir wollen einen Blick auf einige der Steine werfen, aus denen sie zusammengesetzt ist, und die alle durch

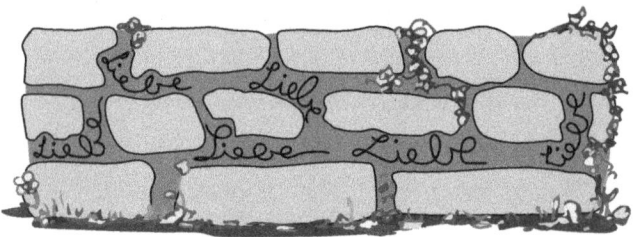

den „Mörtel" der *Liebe* zusammengehalten werden - einer *Liebe*, die in großer Treue das Beste für den anderen sucht, ohne dabei berechnend zu sein.

Aber zuerst eine Geschichte ...

Der Weinberg

An einem sonnigen Südhang lag ein schöner Weinberg. Er war bepflanzt mit edlen Weinsorten und von einer schützenden Mauer umgeben. Die Freude bei den Pächtern war groß, als der Besitzer ihnen den Schlüssel übergab. Er stattete sie auch aus mit allem, was sie an Werkzeug brauchten. Sogar einen Eimer mit Ersatzmörtel stellte er ihnen zur Verfügung, um die Mauer in Stand zu halten.

„Was ist das?", fragte die Pächterin und deutete auf eine Art Käfig.

„Eine Fuchsfalle", bekam sie zur Antwort. „Stellt sie auf, damit die kleinen Füchse nicht euren Weinberg zerstören."

Der Pächter hielt den Schlüssel hoch. „Woher sollen die denn kommen, wenn wir das Tor geschlossen halten?", lachte er.

„Unterschätzt die Biester nicht", mahnte der Weinbergbesitzer. „Und wenn ihr Hilfe braucht, könnt ihr mich jederzeit erreichen."

Die Pächter bedankten sich und begannen voller Begeisterung, ihren Weinberg zu bearbeiten. Sie freuten sich über jeden jungen Trieb, und als die ersten

Blütenknospen zu sehen waren, fühlten sie sich wie Könige. Gemeinsam regelmäßig nach der Mauer zu sehen und bröckelnden Mörtel durch frischen zu ersetzen, war ihnen ein Herzensanliegen. Schließlich ging es um ihren wunderschönen Weinberg!.

Doch mit der Zeit verblasste die Begeisterung und bei den Pächtern stellte sich Routine ein. War das Bewässern der Stöcke und das Beschneiden der Reben anfangs ein aufregendes Abenteuer gewesen, wurde es ihnen zunehmend langweilig und sogar mühsam. Und für das Ausbessern der Mauer fehlte ihnen einfach der Schwung.

Eines Tages sah die Pächterin, dass einer der Weinstöcke verwelkt und das Erdreich aufgewühlt war. Sie zeigte dem Pächter besorgt die Stelle.

„Das wird schon wieder", meinte der und füllte das Loch mit Erde auf.

„Sollten wir nicht eine Falle aufstellen?", fragte die Pächterin.

„Siehst du hier irgendwo einen Fuchs? Ich nicht. Gieß halt ein bisschen mehr", gab der Pächter nur zurück.

Am Tag darauf entdeckte die Pächterin in der Mauer eine kleine Lücke. Der Mörtel musste sich gelöst haben; denn ein paar Steine waren herausgefallen.

„Wir müssen was für unsere Mauer tun, sonst wird das Loch größer! Ich könnte etwas Mörtel anrühren und die Steine wieder einsetzen", fuhr es ihr durch den Kopf. Sie wischte sich den Schweiß von der Stirn. „Aber nicht heute. Morgen. Vielleicht." Sie seufzte. „Ich bin einfach zu müde."

Doch am nächsten Tag fühlte sie sich genauso erschöpft. Und am übernächsten und an dem danach. Dann bemerkte sie zwei neue Weinstöcke, die angenagt waren. Empörung stieg in ihr hoch. Sie lief zu dem Pächter: „Du bist schuld!", sagte sie vorwurfsvoll. „Du hast das Tor aufgelassen! Jetzt haben wir Füchse drin!"

„Wir haben keine Füchse! Ich habe das Tor nicht aufgelassen!", verteidigte sich der Pächter. „Ein gesunder Weinstock kann so was ab, aber du hast die Weinstöcke nicht genug gepflegt!"

„Ich habe sie sehr wohl gepflegt! Den ganzen Tag tue ich nichts anderes! Wir müssen Fallen aufstellen!"

„Dann stell halt eine auf, wenn du unbedingt willst!", stieß der Pächter bissig hervor.

„Wieso ich? Du hast doch das Tor aufgelassen!", fauchte die Pächterin zurück. Ihr kam in den Sinn, den Weinbergbesitzer zu Hilfe zu rufen, aber sie verwarf den Gedanken wieder. Der Pächter sollte ruhig auch mal Verantwortung übernehmen.

In der Zwischenzeit sahen immer mehr Weinstöcke angefressen aus. Doch statt Fallen aufzustellen, beschuldigten die Pächter sich gegenseitig. Und an das Ausbessern der Mauer war erst recht nicht zu denken. So beschäftigt waren sie damit, sich Vorwürfe zu machen und einander anzuklagen.

Eines Tages erblickte die Pächterin zwischen dem Laub der Weinstöcke etwas Buschiges, Rostrotes: einen Fuchsschwanz!

Erschrocken lief sie zu dem Pächter: „Da ist ein Fuchs! Ich habe ihn genau gesehen! Ich werde jetzt Fallen aufstellen!" Doch das war schwieriger als gedacht. „Du musst mir helfen! Alleine schaffe ich das nicht!"

Halbherzig fasste der Pächter mit an. Aber auch ihm gelang es nicht, die Falle funktionsbereit zu machen. Frustriert schleuderte er sie fort.

„Du tust nichts für unseren Weinberg! Dabei bist du schuld, dass er kaputt geht!", schrie die Pächterin.

„Ich habe dir bereits gesagt, dass ich das Tor nicht aufgelassen habe! Wenn es offen stand, dann warst du das!", brüllte der Pächter zurück.

„Und für die Mauer machst du auch nichts!", zeterte die Pächterin weiter. Sie fing an zu weinen: „Weißt du was, dieser Weinberg ist gar kein Weinberg mehr. Er ist ein Chaos! Ich gehe!" Stolpernd lief sie den Hang hinunter.

Schockiert sah der Pächter ihr hinterher. Erst, als er etwas knacken hörte, löste sich seine Starre. Er wandte sich um und blickte in die Augen eines kleinen Fuchses. „Hau ab!", rief der Pächter zornig. Das rotbraune Tier verzog sich ein Stück weiter nach oben.

Mit den Händen auf den Hüften schaute der Pächter umher. Erst jetzt wurde ihm das Ausmaß der Zerstörung bewusst.

„Die Pächterin hat recht", nickte er grimmig. „Das hier ist kein Weinberg mehr!" Langsam und mit hängenden Schultern ging er ebenfalls den Hang hinunter. Da hörte er hinter sich ein seltsames Geräusch. Es klang wie ein spöttisches Lachen und schien aus vielen Kehlen zu kommen. Der Pächter wandte sich noch einmal um. Entsetzt sah er, wie sich ein ganzes Rudel kleine Füchse auf die Weinstöcke stürzte. Tränen begannen in seinen Augen zu brennen. Wie hatte es so weit kommen können?

Tief in seinem Herzen wusste er die Antwort. Innerlich zerbrochen setzte er seinen Weg fort.

Am Tor stand jemand. Es war der Weinbergbesitzer. Der Pächter wagte nicht, ihn anzusehen. „Es tut mir leid", murmelte er. „All das wäre nicht nötig gewesen. Wir hätten uns eher an dich wenden sollen. Nun ist es zu spät."

„Für meine Hilfe ist es nie zu spät", antwortete der Weinbergbesitzer.

- *Habt ihr euch an irgendeinem Punkt in der Geschichte wiedergefunden?*
- *Wie würdet ihr den Zustand eures Ehe-Weinbergs beschreiben?*
- *Gibt es beschädigte Weinstöcke?*
- *Wie sieht eure Mauer aus?*
- *Wann habt ihr euch das letzte Mal gemeinsam an euren Weinbergbesitzer gewendet?*

Die E.R.R.R.O.R. - Sippe

Der Erwartungs-Fuchs

Der Erwartungs-Fuchs humpelt auf drei Pfoten. Die vierte hält er ausgestreckt, um etwas zu bekommen. Kriegt er, was er erwartet, ist alles gut. Wenn nicht, ist die Zerstörung vorprogrammiert. Er kommt in unseren Weinberg, wenn wir unseren Ehepartner dafür verantwortlich machen, dass es uns gut/besser geht. (Deswegen haben wir ihn schließlich geheiratet, oder?!) Der Erwartungs-Fuchs ernährt sich von der Lüge: Unsere emotionale Stabilität, Sicherheit, Zufriedenheit, … - kurz gesagt, unser Glück - hängt vom Verhalten unseres Ehepartners ab.

Ob wir diesen Fuchs reingelassen haben, zeigt sich u. a. daran, wie wir mit Enttäuschung umgehen:

„Er ist schon wieder so spät nach Hause gekommen!"

„Sie hat das Essen schon wieder nicht fertig!"

„Wir haben nicht zusammen geschlafen."

„Er hat sich nicht für das interessiert, was ich ihm erzählt habe."

Dabei ist die Enttäuschung an sich noch nicht der Fuchs. Es ist in Ordnung, enttäuscht und auch traurig über das Verhalten eines anderen zu sein. Und wenn es um Sünde geht, ist Empörung nicht nur angebracht, sondern sogar nötig. Selbst Jesus war enttäuscht, traurig und empört (s. z. B. Mk 9,19; 10,14; Mt 23,37).

Aber wie geht es weiter, wenn wir enttäuscht sind?

Erlauben wir dem Erwartungs-Fuchs seine Brüder mit reinzubringen? Beispielsweise den

Rache-Fuchs

„Wenn sie mich so hängenlässt, kann sie das nächste
Mal sehen, wo sie bleibt!"
„Wenn du gemein zu mir bist, bin ich gemein zu dir!"
„Wenn ihm mein Essen nicht schmeckt, kann er sich
gleich selbst kochen!"

Der Rache-Fuchs beauftragt gerne seinen Bruder,
den

Rückzugs-Fuchs

„Wenn ihr meine Beförderung egal ist, dann verbringe
ich meine Zeit lieber mit meinen Kollegen."
„Er hat nicht verständnisvoll reagiert auf das, was ich
ihm erzählt habe, also erzähle ich ihm nichts mehr.
Und wenn er sich sowieso nicht für das interessiert,
was mich beschäftigt, schlafe ich auch nicht mehr mit
ihm!"
Sowohl der Rache- als auch der Rückzugs-Fuchs
wissen anscheinend nicht, dass Sex keine Beloh-
nung für gutes Benehmen, sondern ein Geschenk ist.

Der Rückzugs-Fuchs hat ein sehr gutes Gedächtnis und speichert jede Enttäuschung ab. Er versucht, sich vor neuer Enttäuschung zu schützen, indem er sich in seinem Bau verschanzt und seinem Ehepartner den Zugang verwehrt. Paradoxerweise merkt er nicht, dass er es seinem Ehepartner (und sich selbst auch) dadurch umso schwerer macht, und wünscht sich doch gleichzeitig, dass sein Ehepartner durch den Rückzug irgendwie bewegt wird, zu ihm durchzudringen.

(Bei seelischem und körperlichem Missbrauch ist Rückzug dagegen erforderlich!)

Wenn der Erwartungs-Fuchs im Weinberg ist, ist ein weiterer ebenfalls nicht weit; nämlich

der Reduktions-Fuchs

Wir reduzieren unseren Ehepartner auf das, worin er uns enttäuscht:

„Wie konnte er nur unsern Hochzeitstag vergessen! Er ist so ein herzloser Ehemann!"

Wir reduzieren unsere Ehe auf die Enttäuschung:

„Im Bett ist es mühsam. Unsere Ehe ist für die Tonne!"
Der Reduktions-Fuchs hat die Angewohnheit, all das Gute, das ja auch zu unserem Ehepartner gehört, zu verschlingen, bis nur noch die Enttäuschung übrig bleibt.

Und weil wir der Lüge glauben, dass unser Glück von unserem Ehepartner abhängig ist, kommen wir zu dem Schluss, dass wir ohne ihn besser dran wären.

Der Ohne-dich-bin-ich-besser-dran-Fuchs

sorgt dann dafür, dass wir uns vollständig zurückziehen. Am Ende geben wir auf, und

der Resignations-Fuchs

kann sein Werk tun. Er schleicht sich in unsere Kommunikation und unser gemeinsames Gebet und liebt nichts mehr als unser Ehebett.

„Es klappt sowieso nicht!", winselt er in Dauerschleife.

„Wir zwei können einfach nicht mit einander."

„Dass wir geheiratet haben, war der größte Fehler unseres Lebens!"

Ohne es beabsichtigt zu haben, haben wir die ganze E.R.R.R.O.R.-Sippe drin.

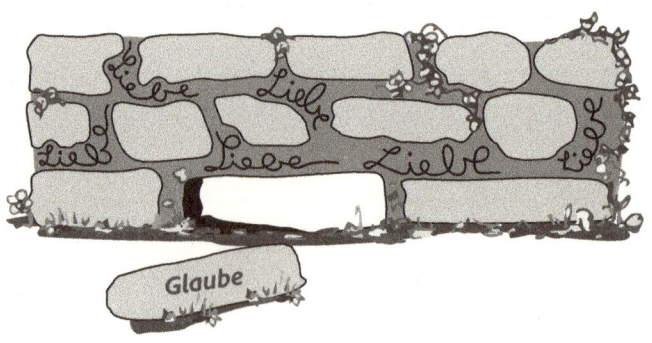

Alles fing mit dem Erwartungs-Fuchs an, der hereingekommen ist, weil in unserer Mauer der Stein Glaube fehlt: Wir haben unser Vertrauen auf unseren Ehepartner gesetzt und unser Glück von ihm abhängig gemacht, statt von Gott.

Das Ergebnis lesen wir in Jeremia 17,5-6: „Verflucht ist der Mann, der sich auf Menschen verlässt, der auf Menschen vertraut, der sich auf Menschenkraft verlässt und sein Herz von Jahwe abkehrt. Er ist wie ein kahler Strauch in der Steppe, der vergeblich auf Regen hofft. Er steht auf dürrem Wüstenboden ...“ (NeÜ)

Wenn wir uns wie ein dürres Gestrüpp in der Wüste fühlen, wenn unser Ehepartner uns enttäuscht, dann haben wir uns auf einen Menschen verlassen. Denn selbst der liebste und beste Mensch ist eben ein Mensch. Und unser Glück von einem Menschen abhängig zu machen bedeutet, eine Lüge zu leben.

Das Gegenteil von einem „kahlen Strauch in der Steppe“ wird in den nächsten beiden Versen beschrieben: „Gesegnet ist der Mann, der auf Jahwe vertraut, dessen Hoffnung Jahwe ist! Er ist wie ein Baum, der am Wasser steht und seine Wurzeln zum Bach hinstreckt. Er hat nichts zu fürchten, wenn Hitze kommt, seine Blätter bleiben immer grün und frisch. Ihm ist nicht bange vor dem Dürrejahr; er trägt immer seine Frucht.“ (Jer 17,7-8)

Wird es Enttäuschung geben, wenn wir uns auf Gott verlassen? Ja! Aber deswegen sind wir nicht aufgeschmissen. Auch die „Hitze“ und das „Dürrejahr“ können uns nicht „vertrocknen“ lassen, wenn wir unsere Zufriedenheit nicht aus dem Verhalten unseres Ehepartners ziehen, sondern aus der engen Verbindung zu Jesus. Er ist die Quelle unseres Glücks, der, von dem aller Segen kommt. Und er ist nicht auf das Verhalten unseres Ehepartners angewiesen, um uns zu segnen.

Wir dürfen ihm vertrauen, dass er uns versorgt, auch wenn wir bei unserem Ehepartner Dinge vermissen.

Dabei schlucken wir die Enttäuschung nicht einfach. Alles, was wir schlucken, bricht sich irgendwann irgendwie Bahn, oft genug als körperliche oder seelische Beschwerden. Wir leiten die Enttäuschung im Gebet an Jesus weiter. Er kann besser damit umgehen als wir.

Kleine Sachen haben sich dann oft schon erledigt. Wenn wir mit Jesus über die Angelegenheit reden, zeigt er uns vielleicht, dass gar nicht das Verhalten unseres Ehepartners das Problem war, sondern unsere eigene Ich-Bezogenheit. Wir haben uns selbst einfach zu wichtig genommen. (Wie gut, wenn wir eine Vertrauensperson haben, die uns den Kopf zurechtrückt und mit uns für unsere Ehe im Gebet eintritt!)

Über andere Dinge müssen wir mit unserem Ehepartner sprechen. Sprechen, nicht spüren lassen! Vielleicht hat er sich wirklich an uns versündigt und wir haben allen Grund enttäuscht zu sein. Vielleicht hat unser Ehepartner sich auch nicht direkt an uns versündigt, aber wir haben trotzdem allen Grund enttäuscht zu sein, weil es ganz realen Mangel gibt. Es ist gut, über solche Dinge zu reden, damit sie nicht zwischen uns stehen und unserer *Einheit* zerstören.

Zu Beginn eines solchen Gesprächs beten wir gemeinsam. (Dabei hauen wir unserem Ehepartner nicht mit geschlossenen Augen und gefalteten Händen Vorwürfe um die Ohren!) Sowohl der Enttäuschte braucht Gottes Hilfe - nämlich nicht anklagend und runtermachend zu sein - als auch der, der die Enttäuschung verursacht hat - und zwar die Bereitschaft zu haben, zu verstehen, warum unser Ehepartner enttäuscht ist, ohne sich angegriffen zu fühlen. Wer sich angegriffen fühlt, neigt dazu, sich zu verteidigen und zurückzuschießen, statt die Not des anderen zu teilen.

Das erfordert *Mitgefühl* . Ziemlich schwierig aufzubringen, wenn man der Meinung ist, der andere solle sich nicht so anstellen oder man selbst sei im Recht ...

Hier brauchen wir beide *Geduld* . Es kann dauern, bis wir es geschafft haben, uns so zu erklären, wie es der andere braucht, um uns zu verstehen. Einsicht braucht dann oftmals auch noch Zeit. Veränderung braucht noch mehr Zeit. Aber wir haben einen starken Beistand: den „Gott der Geduld", der auch gleichzeitig der Gott des „Trostes" (Rö 15,4) und der „Gott der Hoffnung" ist (Rö 15,13).

Es kann sein, dass der andere trotz unserer besten Erklärungen und seines guten Willens nicht nachvollziehen kann, warum wir so enttäuscht sind. Das ist kein Grund, uns zurückzuziehen. Manchmal müssen wir akzeptieren, dass der andere eben anders ist, und uns damit begnügen, dass Jesus uns versteht und sich über uns erbarmt: „Denn wir haben ja nicht einen Hohenpriester, der mit unseren Schwächen kein Mitleid haben könnte, sondern der wie wir in allem versucht worden ist, doch ohne Sünde. Darum lasst uns mit Zuversicht vor den Thron der Gnade treten, damit wir Barmherzigkeit empfangen und Gnade finden, wenn wir Hilfe nötig haben." (Hebr 4,15-16)

So oder so ist drängeln äußerst kontraproduktiv. Einsicht beim anderen können wir nicht machen. Aber wir können Jesus darum bitten. Eine weise Frau hat früher öfter gesagt, wenn sie mit ihrem Mann nicht weiterkam: „Ich mach's über oben." Der Heilige Geist verändert, das ist nicht unsere Aufgabe und nicht unsere Verantwortung.

Auch das Rächen ist seine Angelegenheit: „Rächt euch nicht selbst, ihr Lieben, sondern gebt Raum dem Zorn Gottes; denn es steht geschrieben (5. Mose 32,35): ‚Die Rache ist mein; ich will vergelten, spricht der Herr.'" (Rö 12,19) Die Schuld des anderen ist seine Verantwortung. Unsere Aufgabe ist es, zu vergeben .

(Mehr dazu in der K.N.U.R.R.T.-Sippe.)

Wenn Glaube das Fundament unserer Mauer bildet, hat es auch der Reduktions-Fuchs sehr viel schwerer, in unseren Weinberg zu kommen. Dann richten wir unseren Fokus nämlich nicht auf das „Versagen" unseres Ehepartners, sondern auf Jesus. Wir dürfen ihn bitten, uns seine Sicht über unseren Ehepartner und *Dankbarkeit* für ihn zu schenken, statt ihn auf die Enttäuschung zu reduzieren. Und wir dürfen ihn bitten, in unserem Ehepartner „alles Gute nach seinem Wohlgefallen" zu wirken (Hebr 13,21).

Und in uns auch! Für Gott ist nämlich nichts unmöglich (Lk 1,37). Er ist heute noch derselbe Gott wie der, der ein riesiges Volk 40 Jahre lang jeden Tag mit Manna versorgte und der die Mauern Jerichos einstürzen ließ. Er ist der Gott, „... der die Toten lebendig macht und, was nicht ist, ins Dasein ruft." (Rö 4,17) Diese Formulierung steht in Verbindung mit Abraham, dem Gott durch seine Frau Sarah im hohen Alter einen Sohn gab. Als Gott die Verheißung aussprach, kam Sarah die ganze Angelegenheit lächerlich vor und sie dachte: „Jetzt, wo ich verwelkt bin, soll ich noch Liebeslust haben? Und mein Ehemann ist ja auch alt." (1Mo 18,12; NeÜ) Sie war durch mit den Wechseljahren. Sie hatte weder Lust auf Sex noch einen Eisprung. Gott sah in ihr Herz und sagte: „Warum lacht Sara und spricht: Meinst du, dass es wahr sei, dass ich noch gebären werde, da ich doch alt bin? Sollte dem HERRN etwas unmöglich sein?" (1Mo 18,13-14) Wenn wir enttäuscht sind, ist es gut, uns darauf zu besinnen, dass es Gott weder zu schwer ist, neue Leidenschaft zu wecken oder sonst irgendetwas, das uns fehlt, noch ist es ihm unmöglich, uns zu helfen, mit unerfüllten Wünschen und Bedürfnissen zu leben. Auch, wenn manche Dinge mangelhaft bleiben sollten, ist deswegen unsere Ehe nicht zum Wegwerfen. „Harre des HERRN! Sei getrost und unverzagt und harre des HERRN!", werden wir in Psalm 27,14 aufgefordert. Auf irgendeine Weise wird Gott uns helfen. Er verspricht: „... ich bin mit dir; weiche nicht, denn ich bin dein Gott. Ich stärke dich, ich helfe dir auch, ich halte dich durch die rechte Hand meiner Gerechtigkeit." (Jes 41,10)

Er wird uns helfen, ihm zu vertrauen und *Liebe* zu leben, statt uns zurückzuziehen oder aufzugeben, wenn wir enttäuscht sind: „Die Liebe ... lässt sich nicht erbittern ..." (1Kor 13,5)

Hier nochmal die Füchse der E.R.R.R.O.R.-Sippe:

Erwartungs-Fuchs, Rache-Fuchs, Rückzugs-Fuchs, Reduktions-Fuchs, Ohne-dich-bin-ich-besser-dran-Fuchs, Resignations-Fuchs

Und unsere Mauersteine:

Liebe Glaube Einheit Mitgefühl
Geduld Vergebung Dankbarkeit

- *Gibt es Dinge, über die ich in unserer Ehe enttäuscht bin?*
- *Habe ich diese Enttäuschung schon an Jesus weitergeleitet?*
- *Muss ich über irgendetwas mit meinem Ehepartner sprechen?*
- *Habe ich mich zurückgezogen? Wenn ja, in welchem Bereich und warum?*
- *Habe ich meinen Ehepartner auf einen negativen Aspekt reduziert?*
- *Habe ich versucht, mich auf irgendeine Weise zu rächen? Wenn ja, wie?*
- *Erwarte ich mein Glück von Gott? Wenn nicht, warum nicht?*

Gebet:

„Herr Jesus, danke, dass dir nichts unmöglich ist. Danke, dass du gleichzeitig genau weißt, wie ich mich fühle, weil du selbst Mensch warst. Ich bin so enttäuscht, dass ...! Ich fühle mich so ... Ich empfinde Mangel in ... Ich gebe dir jetzt die Enttäuschung und den Drang zurückzuschlagen. Kümmere du dich darum. Danke, dass du größer bist als das Versagen meines Ehepartners. Danke, dass du mein Versorger bist. Bitte vergib mir, dass ich meine Hoffnung auf meinen Ehepartner gesetzt habe. Wenn du der Meinung bist, dass ich das brauche, was mir mein Ehepartner vorenthält, dann bewirke du das bitte in ihm. Und wenn du die Enttäuschung gebrauchen möchtest, um mich Demut, Geduld und Glauben zu lehren, dann hilf mir, das zu lernen. Danke für meinen Ehepartner. Ich will ihn nicht auf die Enttäuschung reduzieren. Danke, dass er ... Danke für unsere Ehe. Danke für ... Danke, dass du uns hilfst.
Amen."

Die K.N.U.R.R.T. - Sippe

Der Konkurrenz-Fuchs

Dieser Fuchs trägt eine Krone. Er denkt, sie wäre aus Gold, aber sie ist aus Blech! Er kann es nicht ertragen zu verlieren und will außerdem immer Recht haben. Er lebt davon, auf irgendeine Weise „besser" zu sein als der andere: wichtiger, beliebter, mächtiger, ... Oder er meint, er wäre tatsächlich besser und hätte es verdient, auch so behandelt zu werden. Deswegen fühlt er sich bedroht, wenn der andere mehr Beachtung oder Applaus bekommt, oder wenn er selbst kritisiert wird.

Fehler zuzugeben, fällt ihm furchtbar schwer. Er glaubt, dass ihm dann ein Zacken aus seiner Krone brechen würde.

Und er verteidigt sein Revier: Seine Anliegen haben Priorität, weil er Priorität hat. Er versucht zu glänzen und zwar mehr als sein Ehepartner. Teilweise macht er zu diesem Zweck den anderen sogar schlecht, damit er umso besser dasteht.

Tatsächlich sind wir entweder gemeinsam besser oder gemeinsam schlechter.

Als Ehepartner sind wir nämlich eine *Einheit* : „So sind sie nun nicht mehr zwei, sondern eins.", sagte Jesus in einem Streitgespräch mit den Pharisäern, als er ihnen Gottes Wahrheit über die Ehe auf den ersten Seiten der Bibel erklärte (s. Mt 19,1-6). Tauziehen und Konkurrenzkampf haben also in der Ehe keinen Platz!

Der Konkurrenz-Fuchs knurrt berechnend:

„Für deine Anliegen geben wir viel mehr aus als für meine! Und für deine Anliegen geht auch die ganze Zeit drauf!"

Einheit sagt: „Ich dulde dein Anliegen nicht nur,

ich mache dein Anliegen zu meinem. Ich halte dir den Rücken frei dafür und unterstütze dich darin. Und wenn du erfolgreich bist, freue ich mich mit." „Können etwa zwei miteinander wandern, sie seien denn einig untereinander?", fragt Gott in Amos 3,3. Was wir nicht als gemeinsames Ziel haben, wird uns demnach auseinander treiben.

Außerdem wird der Konkurrenz-Fuchs durch *Glaube* gefangen. Er lebt nämlich von der Lüge, sich seine Bedeutung verdienen oder erkämpfen zu müssen. Die Wahrheit ist, dass wir bereits alle Bedeutung haben, die wir nur haben können, weil der höchste Herr für uns den teuersten Preis bezahlt hat, um uns von der Macht der Sünde freizukaufen: „Denn ihr wisst, dass ihr nicht mit vergänglichem Silber oder Gold erlöst seid aus eurem nichtigen Leben ..., sondern mit dem kostbaren Blut Christi ..." (1Pe 1,18-19) Durch den Glauben an Jesus hat Gott uns eine unfassbare Identität gegeben: „Ihr aber seid das auserwählte Geschlecht, die königliche Priesterschaft, das heilige Volk, Gottes eigenes Volk ..." (1Pe 2,9)

Wenn wir Angst haben, uns einen Zacken aus der Krone zu brechen, wenn wir Fehler zugeben und um Vergebung bitten, haben wir möglicherweise noch nicht verstanden, dass wir von Gott mit Gnade und Barmherzigkeit gekrönt sind (Ps 103,4)!

Wir dürfen ihn bitten, dass er uns unsere Identität immer mehr bewusst macht und daraus bei uns *Demut* wachsen lässt: „Tut nichts aus Eigennutz oder Ruhmsucht, sondern in Demut achte einer den anderen höher als sich selbst." (Phil 2,3) Und im Jakobusbrief (Jak 3,14-15) sagt Gott, „Eifersucht und selbstsüchtige Ziele" sind „dämonischen Ursprungs" (NGÜ). Also direkt aus der Hölle!

Der Konkurrenz-Fuchs ist blind für die Schönheit von Epheser 5,22: „Die Frauen sollen sich ihren Männern unterordnen wie dem Herrn." Entweder er sieht diese wunderbare Betriebsanleitung Gottes für die Ehe als willkommenes Sprungbrett für die eigenen Interessen oder als Zwangsjacke. Die Unterordnung der Ehefrau unter ihren Ehemann bedeutet weder Maulkorb noch Kadavergehorsam um jeden Preis. (Dazu später mehr.) Sie bedeutet auch nicht Unselbstständigkeit, wie wir an der vorbildlichen Ehefrau aus Sprüche 31 sehr deutlich sehen. Aber sie bejaht die Tatsache, dass Gott ihren Ehemann über sie gestellt hat, was die Verantwortung der Entscheidungsfällung betrifft. Der Erfinder der Ehe hat den Ehemann, der bereit ist, seine Frau zu lieben wie „Christus die Gemeinde" (Eph 5,25), in die Position gestellt, festzulegen: „Ja, so machen wir es." oder „Nein, so machen wir es nicht." Eine gottesfürchtige Ehefrau, die davon überzeugt ist, dass die Ideen des Höchsten die besten sind, muss sich nicht gegen ihren Mann durchsetzen. Sie kann sich demütig und vertrauensvoll in Gottes starke, liebevolle, fürsorgliche Hand legen.

Wenn wir Epheser 5 weiterlesen, stellen wir fest, dass *Liebe* dem Konkurrenz-Fuchs ebenfalls den Garaus macht: „So sollen auch die Männer die Frauen lieben, wie ihren eigenen Leib. Wer seine Frau liebt, der liebt sich selbst." (Eph 5,28) Begründet wird diese Aufforderung vier Verse weiter mit der Tatsache, dass wir als Ehepaar eine Einheit sind. Hier werden wir erneut an 1. Mose 2,24 erinnert: „Darum wird ein Mann Vater und Mutter verlassen und sich an seine Frau binden, und die zwei werden ein Leib sein."" (Eph 5,31) Der Stein *Einheit* muss also ebenso an Ort und Stelle sein, wie *Demut* und *Glaube* , damit der Konkurrenz-Fuchs nicht hereinkommen und sein Zerstörungswerk anrichten kann.

Ansonsten ist der Nachtrage-Fuchs gleich um die Ecke ...

Der Nachtrage-Fuchs

Dieser Fuchs versteht sich bestens mit jedem anderen seiner Artgenossen. Er ist in der Lage, aus einer Mücke einen Elefanten zu machen, und ist außerdem ein Meister-Buddler: Er liebt es, alte Sachen wieder auszugraben. Mit seinem guten Gedächtnis hat er sich nämlich genau gemerkt, wo sie verscharrt sind. Dabei stinkt er nach Verwesung. Ob es sich nun um echte Vergehen handelt oder Dinge, die als Vergehen empfunden werden, ist dieser Fuchs sehr begabt auf seinem Fachgebiet. Seine Sprache ist:

„Schon wieder hast du …!"

„Damals hast du mich so verletzt!"

„Du glaubst doch nicht etwa, dass ich dir das vergebe!"

Er ist davon überzeugt:

„Der andere hat meine Vergebung nicht verdient!"

„Ich muss mich schützen, in dem ich nicht vergebe."

„Ich habe ein Recht darauf, die Schuld des anderen festzuhalten."

„Ich will den anderen dadurch bestrafen, dass ich nicht vergebe."

„Meine Vergebung macht das, was der andere getan hat, weniger schlimm."

Die Vorstellung, dass unsere Vergebung einen Einfluss auf die Schwere der Schuld des anderen hätte, ist eine Lüge. Jemand hat mal gesagt: „Wenn ich nicht vergebe, trinke ich das Gift und hoffe, dass der andere daran stirbt." Das wird nicht funktionieren!

Ebenso ist es eine Lüge zu glauben, dass wir in der Position wären, Sünde anzurechnen. Dahinter steckt Stolz.

Die Wahrheit stellt Jesus im „Gleichnis vom unbarmherzigen Knecht" sehr drastisch vor Augen: Der König hatte diesem Mann eine riesige Summe Schulden erlassen. Aber der Knecht war nicht bereit, das Gleiche mit einem vergleichsweise geringen Betrag bei seinem Mitknecht zu tun. Er schnitt sich damit ins eigene Fleisch (s. Mt 18,21-35).

Wenn wir nicht vergeben, vergibt Gott uns auch nicht: „Wenn ihr aber den Menschen nicht vergebt, so wird euch euer Vater eure Verfehlungen auch nicht vergeben." (Mt 6,15)

Im Zusammenhang damit heißt es in 2. Korinther 2,11: „damit wir nicht vom Satan übervorteilt werden; denn wir wissen genau, was er im Sinn hat." Und noch einmal in Epheser 4,26-27: „... lasst die Sonne nicht über eurem Zorn untergehen und gebt dem Teufel keinen Raum." Unvergebene Schuld verhindert nicht nur die *Einheit*, sie ist sehr gefährlich! Wenn wir nicht vergeben, räumen wir dem Teufel Herrschaftsrechte ein!

Das bedeutet nicht, dass wir alles schlucken!

Wenn wirklich Sünde im Spiel ist, haben wir die Verantwortung, den anderen damit zu konfrontieren (Mt 18,15). Aber wir schleppen uns nicht mit seinen Sünden ab. „Die Liebe … trägt das Böse nicht nach." (1Kor 13,5) Stattdessen leiten wir es im Gebet an Jesus weiter: „Herr Jesus, das war so gemein. Es tut so weh. Bitte kümmere dich um das Unrecht. Ich will mich nicht länger damit belasten."

Der Undankbarkeits-Fuchs

Zu Beginn seines Lebens ernährt der Undankbarkeits-Fuchs sich gerne von Selbstverständlichkeit. Er hat sich an das Gute gewöhnt:

„Ich hab mir so sehr gewünscht zu heiraten. Inzwischen ist es für mich selbstverständlich, einen Ehepartner zu haben."

„Am Anfang unserer Ehe fand ich meinen Ehepartner einfach genial. Ich habe seinen Humor gefeiert und wie toll er Klavier spielen kann. Aber inzwischen ist es ganz normal für mich."

„Früher war ich begeistert von ihren Augen. Irgend-

wann habe ich mich daran gewöhnt."

Oftmals geben wir dem anderen die Schuld an unserer Undankbarkeit:

„Wenn sie im Bett ein bisschen feuriger wäre, wäre ich dankbarer."

„Wenn er so wäre wie ich, wäre ich ja auch dankbarer!"

Der Undankbarkeits-Fuchs lehnt die Andersartigkeit unseres Ehepartners ab, weil er sie als etwas Negatives einstuft. Waren wir zu Beginn unserer Beziehung angezogen und fasziniert von der Unterschiedlichkeit des anderen, empfinden wir sie inzwischen als anstrengend, vielleicht sogar als bedrohlich oder abstoßend:

„Als zurückhaltender Mensch hat mich seine offene, menschenzugewandte Art fasziniert. Hätte ich mal lieber einen Einsiedler wie mich geheiratet. Dann müsste ich jetzt nicht ständig Zeit mit anderen Leuten verbringen."

„Als wir uns kennenlernten, fand ich rationaler Typ ihre Emotionalität erfrischend. Aber inzwischen ist es einfach nur anstrengend."

„Ich hab seinen scharfen Verstand bewundert und sei-

ne Fähigkeit, Dinge zu erklären. Aber ich hab's echt so satt, nicht zusammen spazieren gehen zu können, ohne mir irgendwelche Vorträge anhören zu müssen." Außerdem hat der Fuchs ein verzerrtes Bild von Einheit. Er glaubt, Einheit basiere auf „gleich ticken" und hat keinen Blick für die Kreativität des Schöpfers.

Aus Undankbarkeit wird leicht Unzufriedenheit. Das ist kein angenehmer Zustand. Weil wir den anderen dafür verantwortlich machen, lassen wir ihn unsere Unzufriedenheit spüren: Wir ziehen uns zurück oder wir nörgeln. Schauen wir in die Sprüche, stellen wir fest, dass das offenbar schon vor 3000 Jahren eine weibliche Strategie war: „... eine nörgelnde Frau ist wie ein tropfendes, undichtes Dach." (Spr 19,13; NeÜ) Aber durch Nörgeln werden wir Undankbarkeit nicht los. Durch Rückzug auch nicht. Wir werden immer unzufriedener und schlimmstenfalls wird aus Unzufriedenheit Untreue. Dabei hätte es eine sehr wirkungsvolle Falle gegeben - die gleiche Falle, die auch dem Reduktions-Fuchs den Garaus macht:

Dankbarkeit . „Sagt Gott, dem Vater, Dank für alles, in dem Namen unseres Herrn Jesus Christus." (Eph 5,20) Also auch für unseren Ehepartner.

Das Erstaunliche ist, dass Dankbarkeit mehr Dankbarkeit hervorruft. Je mehr wir für unseren Ehepartner danken, desto dankbarer werden wir!

Einheit schützt uns ebenfalls davor, dass der Undankbarkeits-Fuchs ungehindert sein Zerstörungswerk tun kann. *Einheit* lässt Unterschiedlichkeit zu und hält doch am anderen fest. Dabei sucht sie nach Wegen, wie wir mit unserer Andersartigkeit umgehen können, dass es ein gegenseitiges Geben und Nehmen ist. Darüber hinaus legt *Einheit* den Schwerpunkt immer wieder auf das, was uns verbindet, allem voran der *Glaube* an unseren Schöpfer. Mit großer Sorgfalt hat er uns in unserer Unterschiedlichkeit gewollt und gemacht (s. Ps 139,14). *Einheit* bejaht diese Unterschiedlichkeit und nimmt sie an.

Und auch hier dürfen wir Gott bitten, uns zu helfen - was die Dankbarkeit grundsätzlich betrifft, aber auch in Bezug auf unsere Ehe. Von unserem

Ehepartner begeistert zu sein, ist nämlich biblisch: Wenn den Frauen in Titus 2,4 gesagt wird, dass sie ihre Männer lieben sollen, dann steht da ein Wort, das für die Gefühle zwischen guten Freunden gebraucht wird und beinhaltet, den anderen von Herzen gern zu haben. *Dankbarkeit* bahnt den Weg dafür.

Und ein Vers für die Männer: „Freu dich an der Frau deiner Jugend! ... Ihre Brüste sollen dich immer berauschen, ihre Liebe bezaubere dich stets!" (Spr 5,18-19, NeÜ) Diese Aufforderung kommt in einem Atemzug mit dem Verbot der Unzucht und Hurerei. Nicht ohne Grund! Paulus greift das Thema in 1. Korinther 7 nochmals auf und auch hier wird deutlich, dass Sex grundsätzlich ein Teil von Gottes Plan für unsere Ehe ist. Und natürlich haben wir das Hohelied. Wenn die Bibel ein ganzes Buch dem Schwärmen in der Ehe widmet, dürfen wir mit Fug und Recht beten, dass Jesus uns hilft, von unserem Ehepartner begeistert zu sein. Er möchte uns die Augen öffnen für all das Gute, das er in den anderen hineingelegt hat. Es kann uns eine Hilfe sein, diese Dinge ruhig einmal aufzuschreiben.

Dankbarkeit für unseren Ehepartner ist gleichzeitig auch in anderer Hinsicht ein guter Schutz: Je dankbarer wir für etwas sind, desto wertvoller ist es für uns und desto achtsamer und sorgfältiger werden wir es behandeln.

Wenn der Stein der *Dankbarkeit* dagegen fehlt, können die Füchse Respektlosigkeit und Rücksichtslosigkeit leicht in unseren Weinberg dringen. (Mit diesen beiden verbringt der Nachtrage-Fuchs übrigens auch gerne viel Zeit!) Sie sind teilweise schwierig auseinander zu halten ...

Der Respektlosigkeits-Fuchs

Der Respektlosigkeits-Fuchs glaubt, der andere müsse sich erst respektabel verhalten, bevor er respektvoll behandelt werden kann und soll. Dabei macht er sich selbst zur Definition von „respektabel": Seine Ansichten und seine Art, Dinge zu tun, sind überragend.

Außerdem lässt er sich von seinen Launen bestimmen: Wenn er gerade keine Lust hat, respektvoll zu sein, wird er das auch nicht tun. Er nimmt den anderen nicht ernst und hat eine scharfe Zunge: Er versteht es hervorragend, dem anderen über den Mund zu fahren und ihn sogar zu entmündigen oder ihn als Person bzw. seine Ansichten lächerlich zu machen. Dabei verleiht die Verachtung in seinem Herzen seiner bellenden Stimme einen spöttischen, harten Ton:

„Du immer mit deinen komischen Ansichten!"

„Ach, sei doch still!"

„Du hast doch sowieso keine Ahnung!"

Er ist oftmals ziemlich ungeduldig:

„Dein Gelaber muss ich mir gar nicht erst anhören. Die Lösung ist doch sonnenklar!"

„Dass du so langsam bist, macht mich wahnsinnig! Warum kriegst du das nicht hin? Kapierst du etwa nicht, wenn man dir was sagt? "

Weil er sich selbst zum Maß aller Dinge macht, missachtet dieser Fuchs die Wünsche des anderen:

„Ich weiß genau, dass es ihn nervt, wenn die Zahnpasta offen ist, aber mir ist das einfach nicht so wichtig. Außerdem hat man dadurch Zeit gespart."

„Sie mag es nicht, wenn ich im Stehen die Toilette benutze, aber sie soll sich nicht so anstellen."

„Mein Mann möchte nicht, dass ich mir die Haare abschneide, aber es sind meine Haare, da kann ich schließlich damit machen, was ich will."

„Mich rasieren? Nur, weil es ihr gefällt? Nee!"

„Er hat mir das zwar eigentlich ganz im Privaten anvertraut, aber weil du meine Freundin bist, kann ich dir das ja erzählen."

Zu seinen Fertigkeiten gehört auch die Manipulation. Durch verschiedene Taktiken macht der Respektlosigkeits-Fuchs sich den anderen zu Willen. Er instrumentalisiert die Gefühle, Wünsche, Bedürfnisse oder das Gewissen des anderen:

„Ich fühle mich so hässlich! Schluchz, schluchz. Ich brauche unbedingt was Neues zum Anziehen!"

„Damit ich meinen Willen kriege, schlafe ich mit ihm."

„Du hast zu tun, was ich sage! In der Bibel steht, du sollst dich unterordnen!"

Es war der Respektlosigkeits-Fuchs, der vor 3000 Jahren in der Ehe von König David und seiner Frau Michal für Zerstörung sorgte. So wird uns in 2. Samuel 6,16 berichtet: „Und als die Lade des HERRN in die Stadt Davids kam, guckte Michal, die Tochter Sauls, durchs Fenster und sah den König David springen und tanzen vor dem HERRN und verachtete ihn in ihrem Herzen." Als ihr Mann nach Hause kam, begrüßte sie ihn mit Worten, die vor Verachtung trieften. Der Verlauf der Geschichte zeigt, dass nichts Gutes dabei herauskam.

„Einer komme dem anderen mit Ehrerbietung zuvor.", wird uns in Römer 12,10 aufgetragen und in 1. Korinther 13,4 wird die *Liebe* als geduldig und freundlich beschrieben. Diese Wahrheit ist das Ende von Respektlosigkeit.
Das beinhaltet auch, dass wir nicht über einander lästern. Auch nicht in unserem Herzen! Wenn der Mauerstein **Respekt** an Ort und Stelle ist, haben Gedanken wie:
„Sie kriegt einfach nichts auf die Reihe!"

„Wie blöd kann man(n) nur sein!",
keinen Platz in unserem Weinberg.

Wenn wir unseren Ehepartner ehren, werden wir ihn segnen. In 1. Petrus 3,9 werden wir aufgefordert: „Vergeltet nicht Böses mit Bösem oder Scheltwort mit Scheltwort, sondern segnet vielmehr, weil ihr dazu berufen seid, Segen zu ererben." Das heißt, wir werden gute Dinge über ihn denken und sagen. Das wird sich auch in unserem Gebet für unseren Ehepartner widerspiegeln, am besten jeden Tag.

Und wir werden gute Dinge *zu* ihm sagen. Das nennt sich auch *„Wertschätzung"*!

Dabei macht Respekt nicht blind. Respekt kann Dinge in *Liebe* und doch klar ansprechen, ohne den anderen bloßzustellen. Denn Respekt, wie er in der Bibel beschrieben wird, hat nichts zu tun mit egalitär im Sinne von: „Es macht keinen Unterschied, was jemand glaubt oder tut." Aber Respekt wird den anderen trotzdem nicht gewaltsam zurechtbiegen. Er kann ein „Nein" stehenlassen. „So setze nun alles daran und kehre um!", sagt Jesus der Gemeinde in Laodizea (Offb 3,19) und wir hören die Dringlichkeit in seinen Worten. Und dann spricht er weiter: „Siehe, ich stehe vor der Tür und klopfe an. Wenn jemand meine Stimme hört und die Tür auftut, werde ich zu ihm hineingehen ..." (Offb 3,20) Er verschafft sich nicht Zutritt mit der Brechstange, sondern lässt den Angesprochenen ihre Entscheidungsfreiheit.

Wenn wir unseren Ehepartner respektieren, werden wir es ebenso machen. *Glauben* und *Demut* werden die Angelegenheit Gott überlassen und *Geduld* wird so lange warten, wie es nötig ist.

Respektlosigkeit hat einen Zwillingsbruder mit Namen

Der Rücksichtslosigkeits-Fuchs

Er ist schon früh morgens am Start, wenn es um die berühmte Zahnpastatube geht, und schlüpft abends mit ins Bett, um den anderen mit Sex zu überfordern oder durch Abstinenz zu quälen.

Rücksichtslosigkeit kann der Gedankenlosigkeit entspringen, aber sehr oft ist Egoismus der Grund:

„Hauptsache, mir geht's gut!"

„Ich weiß, dass er nach einem langen Tag erstmal sei-
ne Ruhe braucht, aber ich will ihm unbedingt was
erzählen."

„Der andere muss sich verändern, doch nicht ich!"

Oder Desinteresse:

„Was du willst, ist mir egal!"

„Ist mir egal, was dich beschäftigt."

„Es ist mir egal, was mein Verhalten mit dir macht/
wie es dir dabei geht. Ich bin halt so."

Wenn der Mauerstein **Mitgefühl** fehlt, tritt an diese Stelle *„Ist mir egal!"*, für den Rücksichtslosigkeits-Fuchs ein willkommenes Schlupfloch.

Dieser Artgenosse kommt auch herein, wenn der
Stein der **Demut** herausgefallen ist; denn er ernährt sich gerne von Lügen wie:

„ICH BIN WICHTIGER!"

„Der andere ist es nicht wert, dass ich Rücksicht neh-
me."

Aber auch fehlender **Glaube** lässt das gemeine
Vieh in den Weinberg:

„Ich kann es mir nicht leisten, Rücksicht zu nehmen.

Dann bin ich selbst nicht mehr versorgt!"
Die Wahrheit ist, dass Gott unser Versorger ist. Deswegen können wir es uns „leisten", rücksichtsvoll zu sein. Wobei *Rücksicht* keine Option, sondern eine Aufforderung ist, und *Rücksicht* zu leben, bedeutet, Wahrheit zu leben. Hier nochmal Gottes Anweisung aus Philipper 2,3-4: „Tut nichts aus Eigennutz oder Ruhmsucht, sondern in Demut achte einer den anderen höher als sich selbst, und ein jeder sehe nicht auf das Seine, sondern auf das, was dem anderen dient." Rücksicht bedeutet nicht, den anderen zu verhätscheln oder ihm in den Hintern zu kriechen. Rücksicht tut das, was dem anderen „dient". Sie ist „… auch auf das Wohl des anderen bedacht … nicht nur auf das eigene Wohl." (V. 4; NGÜ) Sie findet eine Lösung, mit der beide leben können.

Wenn wir so leben, tun wir uns selbst etwas Gutes, weil wir ja eine Einheit bilden.

In 1. Petrus 3,7 werden *Rücksicht* und *Respekt* in einem Atemzug genannt:
„Entsprechend gilt für euch Männer: Zeigt euch

im Zusammenleben mit euren Frauen verständnisvoll und nehmt auf ihre von Natur aus schwächere Konstitution Rücksicht. Sie sind ja durch Gottes Gnade Erben des ewigen Lebens genau wie ihr. Respektiert und achtet sie also, damit der Erhörung eurer Gebete nichts im Wege steht." (NGÜ)

„Erben des ewigen Lebens" - wenn wir wissen, dass Gott uns ewiges Leben geschenkt hat, können wir es uns nun wirklich leisten, die Zahnpastatube zuzudrehen und uns auch sonst zurückzunehmen!

Der Trägheits-Fuchs

Er ist auch bekannt unter dem Namen Sich-gehen-lassen-, mangelnde-Selbstbeherrschungs- oder Zuchtlosigkeits-Fuchs. Vor allem diese letzte Bezeichnung ist ihm allerdings zuwider, da sie seinen wahren Ursprung offenbart.

Er lässt sich steuern durch seine Triebe, Launen und Gelüste statt durch den Verstand und erst recht nicht durch Gottes Wort und seinen Geist. Er ist in direkter Linie verwandt mit den Zwillingen Rücksichtslosigkeit und Respektlosigkeit; denn Zuchtlosigkeit entspringt häufig dem Egoismus und wirkt sich u. a. missachtend aus.

Haben wir diesen Fuchs im Weinberg, kann es sein, dass wir uns körperlich gehen lassen:

„Ich habe keine Lust, mich um mein Aussehen/meine Körperpflege zu kümmern. Mein Ehepartner muss mich sowieso lieben, wie ich bin. Die Jogging-Hose und ein bisschen mehr Deo tun es auch."

„Die Chips schmecken gerade so gut."

„Es ist viel einfacher, meinem Mann einen Schokoriegel für die Pause einzupacken, statt mich hinzustellen und ihm Gemüse zu schnibbeln. Kann er selbst machen, wenn er das will."

„Das Sofa ist bequemer als der Sattel."

Wir können uns emotional gehen lassen:

„Ich habe keine Lust, mich auf dich einzustellen und aktiv zuzuhören. Lass mich einfach vor dem Bildschirm abhängen."

„Ich soll ihr von meinem Tag erzählen? Viel zu anstrengend. Ich bin froh, dass er vorbei ist."

„Ich kriege meine Tage. Da bin ich nun mal zickig."

„Ich habe sie angebrüllt. So what. Ich war halt ge-
nervt."

„Wenn ich mich zusammenreiße, ist das nicht authen-
tisch."

Wenn der Trägheits- oder mangelnde-Selbstbe-
herrschungs-Fuchs unser Zeitmanagement be-
fällt, kann sich das auf viele Lebensbereiche ne-
gativ auswirken:

„Mein Ehepartner ist gerne pünktlich im Gottesdienst.
Aber ich sehe es nicht ein, sonntagsmorgens auf die
Uhr zu schauen. Lieber frühstücke ich bis um ..."

„Eine Aufgabe rechtzeitig fertig haben? Hilfe! Dafür
muss ich mich ja an eine Zeitvorgabe halten!"

„Zusammenschlafen? Dazu können wir uns nicht auf-
raffen. Wir schaffen es sowieso meistens nicht recht-
zeitig ins Bett."

(Jemand hat mal gesagt: „Vor der Hochzeit setzt
der Teufel alles dran, uns zusammen ins Bett zu
kriegen, und nach der Hochzeit setzt er alles dran,
um das zu verhindern.")

Im Vaterunser richten wir die Bitte an Gott:
„Führe uns nicht in Versuchung." Durch Schlaf-

mangel können wir uns aber selbst in Versuchung führen: ungeduldig, unkonzentriert, reizbar und unmotiviert zu sein. Dabei kann dann so etwas herauskommen:

„Zeit mit Gott verbringen? Ach nee, ich bin noch so müüüüde. Lieber drehe ich mich nochmal auf die andere Seite."

„Sport machen? Dazu bin ich zu erschöpft. Die Nacht war zu kurz."

„Mal wieder saugen? Vergiss es! Ich könnte im Stehen einschlafen."

Der Lieblingssatz des Trägheits-Fuchses ist: *„Ich habe keine Lust!"*

„Ich habe keine Lust, Bibel zu lesen, mich in der Gemeinde einzusetzen, meine Eltern zu besuchen, zur Arbeit zu gehen, gesund zu kochen, den Müll zu trennen, ... Ich lasse es einfach laufen."

Der Sich-gehen-lassen-Fuchs leiht dem Vater der Lüge seine Stimme mit seinem Gekreische: *„Du wirst unzufrieden, wenn du deine Launen nicht auslebst!" „Selbstbeherrschung engt dich ein! Du bist kein freier Mensch mehr!" „Selbstbeherrschung ist anstrengend!"*

Gottes Wort zeigt uns, dass das Gegenteil der Fall ist! Frei sind wir nicht, wenn wir uns von unseren Trieben, Lüsten und Launen bestimmen lassen. „Denn von wem jemand überwunden ist, dessen Knecht ist er geworden.", sagt die Wahrheit (2Pe 2,19b). Frei sind wir also nicht, wenn wir uns ausleben. Frei sind wir, wenn wir glauben und tun, was Jesus sagt: „… Wenn ihr bei dem bleibt, was ich euch gesagt habe, seid ihr wahrhaftig meine Jünger und werdet die Wahrheit erkennen und die Wahrheit wird euch frei machen." (Joh 8,31-32)

„… wo der Geist des Herrn ist, da ist Freiheit.", heißt es in 2. Korinther 3,17. Wenn der Heilige Geist uns steuert, sind wir wirklich frei.

Gott fordert uns in Römer 12,11 auf: „Seid nicht träge in dem, was ihr tun sollt."
„Wie anstrengend!", winselt der Trägheits-Fuchs und hört auf zu lesen. Aber der Vers geht noch weiter: „Lasst euch vom Geist entzünden …" Und noch einmal in Epheser 5,18: „… lasst euch vom Geist erfüllen." Nicht *wir* fangen den Zuchtlosig-

keits-Fuchs, indem wir uns einfach zusammenrei-
ßen. Eine zeitlang mag das funktionieren, aber in
der richtigen Situation wird das Tier seine Zähne
zeigen. Es ist der Heilige Geist persönlich, der diesem Biest den Garaus macht. Er ist der „Geist der
Kraft, der *Liebe* und der Besonnenheit/Zucht(SLT
2000)/Selbstbeherrschung(NeÜ)." (2Tim 1,7)
Besonnenheit meidet bewusst Situationen in denen wir dazu neigen, uns von unserer selbstsüchtigen Natur bestimmen zu lassen: „... sorgt nicht
so für euch, dass ihr den Begierden verfallt." (Rö
13,14) Wenn wir wissen, dass wir bei Alkohol keine Grenze einhalten können, lassen wir besser
die Finger davon. Wenn wir erst aufhören können, Pralinen zu futtern, wenn die 300g-Packung
leer ist, ist es keine gute Idee, sich mit der ganzen
Schachtel aufs Sofa zu setzen. Wenn unser Handy
uns davon abhält, rechtzeitig unsere Pflichten zu
erfüllen, schalten wir zwischendurch den Ton aus
oder schauen nicht ständig darauf. Und wenn wir
wissen, dass die Versuchung, uns schlechte Dinge
anzusehen, zu groß wird, wenn wir mit unserem
Smartphone alleine sind, dann sorgen wir dafür,

dass wir nicht in so eine Situation kommen.

Selbstbeherrschung/Besonnenheit gehört zur Frucht des Geistes (Gal 5,23). Das heißt, Gott möchte sie in uns hervorbringen. Aber er zwingt sie uns nicht auf. In seiner Liebe lässt er uns die Entscheidung: Wir haben die Wahl, unsere Genervtheit, z. B., am anderen auszulassen, oder sie zu Jesus umzuleiten: *„Herr Jesus, ich bin genervt, weil … Bitte kümmer dich drum."*
Wir können unserer Lustlosigkeit zum Bibellesen nachgeben, oder bitten:

„Herr Jesus, das mit der Stillen Zeit fällt mir echt schwer. Zeig mir immer mehr, wie herrlich du bist und was mir entgeht, wenn ich nicht auf dich höre. Gib mir eine Begeisterung für dich und dein Wort."
„Du sagst, ‚Alles hat seine Zeit.' Hilf mir, in deiner Zeit zu leben und nicht zu gammeln, wenn was anderes dran ist."
„Herr Jesus, danke für die Gaben, die du mir gegeben hast. Es tut mir leid, dass ich zu träge war, sie einzusetzen. Zeig mir, wie ich das am besten machen kann

und hilf mir dabei."

Wir sind dem Trägheits-Fuchs nicht ausgeliefert. Im *Glauben* dürfen wir uns vom Heiligen Geist erfüllen (Eph 5,18) und von ihm bestimmen lassen (Rö 8,9).

Das betrifft alles in der Ehe. Wir müssen nichts durch eigene Anstrengung hervorbringen: „Der Gott des Friedens, der den großen Hirten der Schafe, unsern Herrn Jesus, durch das Blut des ewigen Bundes von den Toten heraufgeführt hat, der mache euch fähig zu allem Guten, damit ihr seinen Willen tut. Er möge in uns das bewirken, was ihm gefällt, durch Jesus Christus; dem sei die Ehre von Ewigkeit zu Ewigkeit! Amen." (Hebr 13,20-21)

Diese Wahrheit gilt es zu glauben und zu leben.

Hier nochmal die Füchse der K.N.U.R.R.T. - Sippe:

Konkurrenz-Fuchs, Nachtrage-Fuchs, Undankbarkeits-Fuchs, Respektlosigkeits-Fuchs, Rücksichtslosigkeits-Fuchs, Trägheits-Fuchs

und unsere Mauersteine:

Liebe Einheit Geduld Demut Glaube Mitgefühl
Dankbarkeit Respekt Rücksicht Besonnenheit
Wertschätzung

- Sehe ich unsere Ehe als Einheit oder steckt in mir das Bestreben alleine „besser" zu sein?
- Woraus ziehe ich meine Bedeutung?
- Gibt es irgendetwas, das ich meinem Ehepartner hinterhertrage und nicht bereit bin, Jesus zu überlassen? Wenn ja, mit welcher Lüge füttere ich den Nachtrage-Fuchs?
- Wie sieht es mit meiner Herzenshaltung meinem Ehepartner gegenüber aus? Entspringt sie dem GLAUBEN, dass er unbeschreiblich wertvoll ist?
- Bin ich noch DANKBAR für ihn?
- Habe ich RESPEKT vor ihm? Worin drückt sich das aus?
- Wo bin ich nicht bereit, RÜCKSICHT zu nehmen? Was ist der Grund?
- Welche Einstellung muss sich bei mir ändern?
- Hat der Trägheits-Fuchs unseren Weinberg befallen? An welcher Stelle? Welche Lüge glaube ich, sodass er sich bei mir halten kann?

Gebet:

Herr Jesus, danke, dass du bereit warst, für mich bis zum Äußersten zu gehen. Danke, dass ich in deinen Augen die größte Bedeutung habe, die ich jemals haben könnte, und das bis in alle Ewigkeit. Du hast mich mit Gnade und Barmherzigkeit gekrönt und durch dich bin ich Gottes Kind und Erbe des ewigen Lebens. Vergib mir, dass ich mit selbstsüchtigen Mitteln versucht habe, mir Bedeutung zu verschaffen. Und bitte hilf mir, immer mehr zu verstehen, dass mein Ehepartner und ich keine Konkurrenten sind, sondern eine Einheit.

Danke, dass ich dir nicht nur meine eigene Schuld, sondern auch die meines Ehepartners getrost überlassen kann. Du wirst dich bestens darum kümmern.

Gib mir stattdessen neue Dankbarkeit. Danke, dass du meinen Ehepartner geschaffen hast und für all das Gute, das du in ihn hineingelegt hast. Öffne mir mehr und mehr die Augen dafür.

Herr Jesus, zeig mir, wo sich Respektlosigkeit und Rücksichtslosigkeit eingeschlichen haben. Zeig mir die Lügen, die dahinter stecken. Meinen Ehepart-

ner rücksichtslos und respektlos zu behandeln, war falsch. Ich habe damit dem Vater der Lüge gehorcht. Bitte vergib mir. Hilf mir, meinen Ehepartner so zu sehen, wie du ihn siehst: ein Mensch, nach deinem Ebenbild wunderbar erschaffen, so wertvoll, dass du bereit warst, für ihn auf diese Erde zu kommen und dich für ihn zu opfern. Gib mir ein demütiges, mitfühlendes Herz, das dir vertraut.

Und segne meinen Ehepartner. Gib ihm Weisheit, gute Entscheidungen zu treffen und Mut und Kraft, sie in die Tat umzusetzen.

Danke, dass du mir durch den Glauben an Jesus den Heiligen Geist gegeben hast, den Geist der Kraft, der Liebe und der Besonnenheit. Bitte nimm alles weg, was verhindert, dass er mich ganz erfüllt und sein gutes Werk in mir tut.

Und segne meinen Ehepartner. Gib ihm neuen Glauben, neuen Mut und neue Kraft, und lass in ihm die Dankbarkeit und Freude über unsere Ehe im Allgemeinen und mich im Speziellen wachsen.

Wirke du in uns beiden, was dir gefällt, zu deiner Ehre.

Amen."

Die S.T.A.U.P. - Sippe

 *Der Schweige-Fuchs*

Er trägt einen Maulkorb und verhindert, dass wir Dinge sagen, die gesagt werden müssten. Oftmals begleitet er den Rache- und den Rückzugs-Fuchs, z. B., wenn wir den anderen auflaufen lassen und ihm die kalte Schulter zeigen, statt mit ihm ins Gespräch zu gehen.

Der Schweige-Fuchs hält es nicht für nötig, *„Ich liebe dich!"*, *„Das hast du super hingekriegt!"* oder *„Du siehst toll aus!"* zu sagen. Und er ist zu stolz, um die Sätze: *„Es tut mir leid!"* oder *„Ich vergebe dir!"* auszusprechen.

Er hasst es, kritische Dinge anzusprechen. Um Aussagen wie: *„Das war nicht in Ordnung.“*, drückt er sich erfolgreich. Dafür nimmt er sich nicht die Zeit oder es ist ihm zu mühsam oder er hat einfach Angst. Er verwechselt mitunter Einheit mit Harmonie:

„Ich will keinen Streit, also sage ich lieber nichts.“

„Er reagiert immer so blöd, wenn ich was sage. Lieber schlucke ich weiter stillschweigend, statt ihn zu konfrontieren.“

„Wenn ich die Angelegenheit anspreche, wird sie nicht mit mir schlafen.“

Manchmal tarnt sich der Schweige-Fuchs mit dem Mantel der Unterordnung. Unterordnung kann nämlich sowohl als Druckmittel zum Schweigen als auch als Ausrede dafür missbraucht werden:

„Als Ehefrau hast du zu schweigen!“

„Als Ehefrau bin ich nicht befugt, etwas zu sagen. Gott wird es meinem Mann deutlich machen.“

Es ist nicht zu beweisen, ob Saphira aus dem Bericht in Apostelgeschichte 5 an Unterordnung dachte, als sie den Betrug mitmachte. Fakt ist, dass sie die Sache deckte: „Ein Mann mit Namen Hananias und seine Frau Saphira verkauften einen Acker, doch er behielt mit Wissen seiner Frau etwas vom Erlös für sich zurück und brachte nur einen Teil und legte ihn den Aposteln zu Füßen." (V. 1-2) Obwohl Petrus sie explizit darauf ansprach, verschwieg sie die Wahrheit und wiederholte die Lüge, dass sie das ganze Geld gegeben hätten. Sie bezahlte mit dem Tod.

Abigail dagegen solidarisierte sich nicht mit ihrem Mann. Sie duldete und deckte nicht stillschweigend seinen arroganten, beleidigenden Geiz, sondern „machte den Mund auf". Gott gebrauchte ihre mutigen Worte, um großes Blutvergießen zu verhindern. Und obwohl sie sich an einem Finger ausrechnen konnte, dass ihr Mann ausflippen würde vor Zorn, verschwieg sie ihm ihre Aktion nicht, sondern berichtete ihm am nächsten Tag davon (s. 1Sam 25).

Jesus sagt: „Sündigt aber dein Bruder an dir, so geh hin und weise ihn zunächst unter vier Augen zurecht. Hört er auf dich, so hast du deinen Bruder gewonnen. Hört er nicht auf dich, so nimm noch einen oder zwei zu dir, damit jede Sache durch den Mund von zwei oder drei Zeugen bestätigt wird. Hört er auf die nicht, so sage es der Gemeinde ...", (Mt 18,15-17)

Wahrheit zu leben, beinhaltet eben auch, einander zurechtzuweisen - nicht runtermachen, bloßstellen, am anderen rummeckern, sondern ihm liebevoll und demütig helfen, dass er wieder auf den richtigen Weg kommt: „Offene Zurechtweisung ist besser als Liebe, die im Verborgenen bleibt." (Spr 27,5)

Liebe ist *nicht* blind und sie scheut sich nicht zu sagen, was gesagt werden muss. „Tief sieht die Liebe. Sie sieht alle Schwächen des Geliebten. Darum ist sie Arzt und Schleier." (H. Oeser)

Der Schweige-Fuchs ist direkt verwandt mit dem Verschweige-Fuchs, auch Täuschungs-Fuchs genannt:

Der Täuschungs-Fuchs

ist ein sehr übler Geselle, der Vertrauen zerstört.
Er meidet das Licht und verschleiert die Wahrheit.
Auch er ernährt sich u. a. von der Angst:

*„Mein Ehepartner darf das auf keinen Fall erfahren.
Sonst ist bei uns die Hölle los."*

*„Wird mein Ehepartner sich von mir abwenden, wenn
herauskommt, was ich getan habe?"*

*„Was werden die Leute sagen, wenn sie mitkriegen,
was wirklich bei uns abgeht?"*

Also spielt der Täuschungs-Fuchs etwas vor, um
sich und sein Image zu schützen. Er versteckt die
Probleme und vertuscht die Sünde, denn er hat
eine Riesenangst, sein Gesicht zu verlieren. Auch
er glaubt die Lüge, dass seine Bedeutung von
dem abhinge, was andere über ihn denken, und
ist davon überzeugt, aufzudecken, wie die Dinge
wirklich sind, sei etwas sehr Gefährliches! So verhindert er, dass wir uns an geeigneter Stelle Hilfe
holen, wenn nötig.

Die Wahrheit ist, dass Gott uns zusammengestellt
hat, um einander zu stärken, zu ermahnen und

zu ermutigen: „... lasst uns auf einander achtge-
ben ... ermahnt euch gegenseitig ..." (Hebr 10,24-
25) Das gilt für die Gemeinde und für die kleinste
Zelle der Gemeinde, die Ehe.

„Bekennt einander eure Sünden und betet für einander, dass ihr gesund werdet ..." heißt es im
Rahmen des Ältestengebets, wenn sie zu einem
Kranken gerufen werden, um über dieser Person
zu beten (Jak 5,16).

Glaube hilft uns, uns nicht von Angst davon ab-
halten zu lassen, ins Licht zu kommen und *Demut*
hilft uns, den Stolz zu überwinden, der das verhindern will.

Liebe gibt dem Täuschungs-Fuchs den Rest: „Die
Liebe ... freut sich ... an der Wahrheit." (1Kor 13,6)
Auch sie liebt das Licht und heuchelt nichts vor.

Die Zwillinge *Anklage* und *Unterstellung* fühlen
sich in jeder der Fuchsfamilien wohl:

Der Anklage-Fuchs

Dabei hat der Anklage-Fuchs seine Fertigkeiten

ziemlich direkt von seinem Oberbefehlshaber gelernt, der auch „Verkläger unserer Brüder" genannt wird (Offb 12,10). Er besitzt einen langen Zeigefinger, der vorwurfsvoll auf den anderen zeigt:

„Du bist schuld, dass die Kinder nicht geraten!"

„Es liegt an dir, dass es im Bett nicht läuft!" (Es kann ja genauso gut an mir liegen!)

„Wegen dir reicht das Geld nicht!"

„Ich habe dir gleich gesagt, dass das in die Hose geht. Aber du hörst ja nicht auf mich!"

Wir sind frustriert, und weil wir nicht wissen wohin mit unserer Enttäuschung, überhäufen wir unseren Ehepartner mit Vorwürfen.

Die Anschuldigungen des Anklage-Fuchses können auch Taktik sein, um von dem eigenen Versagen abzulenken oder um einfach so besser dazustehen als der andere. Wenn das der Grund für sein Verhalten ist, steckt auch hier oftmals die Bedeutungs-Lüge dahinter.

Hauptsächlich ernährt das Tier sich, wie viele seiner Artgenossen, wahrscheinlich von Stolz und ist deswegen blind für die eigenen Fehler. Jesus sagt dazu: „Was siehst du aber den Splitter im Auge deines Bruders und nimmst nicht den Balken in deinem Auge wahr? Oder wie kannst du zu deinem Bruder sagen: Halt, ich will dir den Splitter aus deinem Auge ziehen? Und siehe, ein Balken steckt in deinem Auge. Du Heuchler, zieh zuerst den Balken aus deinem Auge; danach sieh zu, wie du den Splitter aus dem Auge deines Bruders ziehst." (Mt 7,3-5)

Den Anklage-Fuchs fangen wir nicht, indem wir ihm das Maul zuhalten und uns die Anschuldigung einfach verkneifen. Stolz, Konkurrenz-Denken und Frust gehen nicht davon weg, dass wir die Anklagen in unserem Herzen bunkern.

Der Unterstellungs-Fuchs

Auch den Unterstellungs-Fuchs werden wir nicht los, indem wir ihn knebeln. Er maßt sich trotzdem an, die Motive des anderen zu kennen:

„Du denkst nur an dich! Ich bin dir nicht wichtig. Sonst hättest du mir was zum Valentinstag geschenkt!"

„Du schätzt das überhaupt nicht wert, was ich jeden Tag an der Arbeit leiste! Sonst würdest du nicht immer meckern, wenn es länger wird!"

„Du willst nicht, dass ich mir das kaufe? Du gönnst mir einfach nichts. Du bist so was von geizig!"

„Du interessierst dich nicht für mich! Sonst würdest du nachfragen!"

Mit dem Unterstellungs-Fuchs begeben wir uns auf gefährlichen Boden, denn das Prüfen der Motive ist eine heikle Angelegenheit. Sogar bei uns selbst können wir falsch liegen: „Der Mensch hält alles, was er tut, für recht, doch Jahwe prüft die Motive." (Spr 16,2; NeÜ) Wie viel mehr können wir uns diesbezüglich beim anderen täuschen, in den wir nicht hineingucken können: „Ein Mensch sieht, was vor Augen ist; der HERR aber sieht das Herz an." (1Sam 16,7b)

Wenn wir mit unserer Unterstellung falsch liegen, kommt das dem Verleumden gleich, was wiederum Hand in Hand mit dem Verurteilen geht. Vor beidem werden wir ausdrücklich gewarnt: „Verleumdet euch nicht gegenseitig, liebe Brüder. Wer seinen Bruder verleumdet oder verurteilt, der verleumdet und verurteilt das Gesetz. Verurteilst du aber das Gesetz, so bist du nicht ein Täter des Gesetzes, sondern ein Richter." (Jak 4,11)

Liebe ist das Ende für den Unterstellungs-Fuchs. Liebe jubelt dem anderen nicht auf Verdacht etwas Schlechtes unter, „... sie freut sich vielmehr an der Wahrheit." (1Kor 13,6)

Gegen beide Füchse sind Glaube , Demut und Vergebung ein wirksamer Schutz. Und wie beim Erwartungs-Fuchs auch, gehen wir mit dem, was wir beim anderen sehen (oder meinen zu sehen), zuerst zu Jesus. Erst dann sprechen wir ggf. die Angelegenheit in einer demütigen, wertschätzenden Haltung an; denn Wertschätzung ist ein Schlüssel zum Herzen. Am besten gebrauchen wir dabei Ich-Botschaften:

„Ich finde es wunderbar, dass du so für unsere gemeinsame Zeit kämpfst! Es tut mir leid, dass ich dich immer wieder damit frustriere, wenn ich später nach

Hause komme. Das ist für mich auch nicht toll. Es würde mir helfen, wenn ...“

„Danke, dass du unserem Kind ... und ... beigebracht hast. Dass es trotzdem ... , zieht mich so runter. Denkst du, ich hätte irgendetwas anders machen sollen?“

„Mit dir im Bett zusammen zu sein ist für mich das Highlight des Tages. Gibt es etwas, das ich dazu beitragen kann, dass unser Sex noch besser wird? Wünschst du dir etwas von mir?“

„Ich freue mich immer, mit dir was Schönes zu erleben und genieße es, mit dir unterwegs zu sein. Mir macht das zu schaffen, dass wir mehr ausgeben, als wir haben. Lass uns gemeinsam überlegen, was wir tun können, damit wir noch viele schöne Touren machen können, und nicht in die Miesen kommen.“

Vielleicht ist der andere wirklich Schuld an der Miesere. Ihn dafür anzuklagen, wird die Sache nicht ändern. Wenn wir Wahrheit leben, **vergeben** wir und überlassen das Richten und Verurteilen dem Einzigen, dem es zusteht: „Es gibt jedoch nur einen ... Richter, der retten und verdammen

kann. Wer aber bist du, dass du den anderen verurteilst?" (Jak 4,12)

Ob die Schuld nun bei unserm Ehepartner liegt
oder bei uns selbst oder bei uns beiden zusammen - wie gut zu wissen, dass Gott größer ist als
unser Versagen: „Er handelt nicht mit uns nach
unseren Sünden und vergilt uns nicht nach unserer Missetat. Denn so hoch der Himmel über der
Erde ist, lässt er seine Gnade walten über denen,
die ihn fürchten." (Ps 103,10-11)

Der Polygamie-Fuchs

Er trägt an jedem Finger einen Ehering und ist
verheiratet mit seinem Chef, seiner Arbeit, seinen
Eltern, seinen Kindern, seinen Freunden, seinem
Hobby, seiner Gemeinde, ... Das zeigt sich in seiner Zeit- und Krafteinteilung, seinen Finanzen,
seinen Gedanken und Gesprächen. Leider zieht
der Ehepartner, der im Stammbuch eingetragen
ist, gegenüber diesen anderen „Ehepartnern" oftmals den Kürzeren.

Wenn wir zugelassen haben, dass der Polygamie-Fuchs in unseren Weinberg eingedrungen ist, müssen wir ihn mit Gottes Hilfe schleunigst loswerden. Je größer und fetter er wird, desto mehr Verwüstung richtet er nämlich an. Manchmal merken wir erst, wie ausgedehnt sein Zerstörungswerk wirklich ist, wenn von unseren vielen anderen „Ehepartnern" mal unerwartet niemand da ist und wir gezwungen sind, uns mit dem Zustand unserer Ehe auseinander zu setzen ...

Der Fuchs kommt durch unterschiedliche Mauerlücken in unseren Weinberg. Wenn unser Terminkalender z. B. nicht von *Besonnenheit* bestimmt ist oder die Menschen um uns herum lauter schreien als unser Ehepartner, kann es sein, dass wir einfach in „Nebenbeziehungen" hineinrasseln. Aber auch, wenn die Steine *Dankbarkeit*, *Wertschätzung* oder *Glaube* fehlen, findet der Polygamie-Fuchs ein Einfallstor:

„Unsere Ehe haut mich echt nicht mehr vom Hocker. Lieber verbringe ich meine Zeit mit meinem Hobby."

„Meine Arbeit ist es wert, mich aufzuopfern. Meinen Ehepartner habe ich ja sowieso."

„Von meinem Ehepartner bekomme ich nicht die Be-

stätigung, die ich mir wünsche, von meinem Dienst in der Gemeinde schon. Alle feiern, was ich für den Herrn tue."

„Mein Ehepartner ist immer weg. Ich fülle die Sehnsucht nach Nähe mit den Kindern."

„Mein Ehepartner enttäuscht mich immer wieder. Ich verbringe die Zeit lieber bei meinen Eltern. Die nehmen mich wenigstens ernst!"

Manchmal hat der Polygamie-Fuchs einfach Angst: Angst, jemanden vor den Kopf zu stoßen oder Angst etwas zu verpassen:

„Meine Eltern erwarten, dass ich dauernd bei ihnen bin."

„Mein Chef ist beleidigt, wenn ich nicht komme."

„Nur ja keine Prioritäten setzen! Dann enttäusche ich auch niemanden."

„Ich kann alles unter einen Hut kriegen."

Aber das funktioniert nicht. Wir können nicht alles haben. Zumindest nicht von allem gleich viel. „Niemand kann zwei Herren dienen ...", sagt Jesus (Mt 6,24). Und dann führt er das aus: „Entweder wird er den einen bevorzugen und den anderen vernachlässigen, oder dem einen treu sein und den anderen hintergehen ..." (NeÜ). Jesus wendet dieses Prinzip auf unsere Beziehung zu Gott und unseren Besitz an, und er macht deutlich: Wir müssen uns entscheiden. Das gilt auch für andere Lebensbereiche, nicht zuletzt für die Beziehung zu unserem Ehepartner.

Als wir vor dem Traualtar standen, haben wir unserem Ehepartner im Angesicht Gottes unser Ja-Wort gegeben. In dem Moment hat eine neue Beziehung begonnen, hinter der alle anderen Beziehungen zurückstehen müssen - die zu unserem Chef, unseren Kindern oder sonst jemandem. Eine andere Person hat in unserer Ehe nichts zu suchen. In Gottes Augen ist Ehe keine WG oder lockere Interessengemeinschaft, sondern eine Einheit, wie wir in Matthäus 19,6 gesehen haben: „So sind sie nun nicht mehr zwei, sondern eins." Wie sollen wir Einheit leben, wenn unser Terminkalender so voll ist, dass wir uns als Ehepartner nur noch die Klinke in die Hand geben? Wenn wir so viel in der Gemeinde aktiv sind, dass es uns daran hindert, regelmäßig mit und für einander als Ehepartner zu beten? Wenn wir uns so für unser

Hobby verausgaben, dass wir keine Energie mehr haben, körperlich eins zu werden? Wenn wir uns um Hinz und Kunz kümmern, das Gespräch mit unserem Ehepartner dabei aber *ver*kümmert? Wenn wir erfolgreich sind im Beruf, aber dafür die Anliegen unseres Ehepartners hinten runter fallen?

Der Polygamie-Fuchs zerstört auf Dauer die *Einheit*, und Wahrheit zu leben bedeutet, dass wir uns von diesem Fuchs mit seinen vielen Eheringen trennen.

Welche Falle wir anwenden, richtet sich nach der Lüge, von der "unser" Fuchs sich ernährt. Ist es die Bedeutungs-Lüge? Dann will Gott uns helfen, zu *glauben*, wer wir in seinen Augen sind.

Ist es die Gleichgültigkeit oder mangelnde Wertschätzung, die den Fuchs hereingelassen haben? Dann will Gott uns neue *Dankbarkeit* und neuen *Respekt* für unseren Ehepartner schenken (s. K.N.U.R.R.T.-Sippe). Ist es die Angst, etwas zu verpassen oder die Enttäuschung? Dann wollen wir darauf vertrauen, dass Gott unser Versorger ist (s. E.R.R.R.O.R.-Sippe).

Haben wir und einfach treiben lassen? Dann brauchen wir von Gott *Besonnenheit:* Der Heilige Geist möchte uns die Disziplin schenken, an den richtigen Stellen „nein" zu sagen.

Er will uns helfen, Prioritäten zu setzen und bei der Umsetzung weise zu entscheiden: „Wenn es aber jemandem unter euch an Weisheit mangelt, so bitte er Gott darum, der jedem gern gibt und keine Vorhaltungen macht; dann wird sie ihm gegeben werden." (Jak 1,5)

Er will uns auch helfen, unser Treueversprechen unserem Ehepartner gegenüber zu halten. Nichts darf und soll sich zwischen uns schieben.

Diese tiefe Einheit in der Ehe, die von Liebe und Respekt geprägt ist, wird in Epheser 5,32 als „großes Geheimnis" bezeichnet, das ein Bild für „Christus und die Gemeinde" ist. Somit bekommt unsere Ehe einen viel tieferen Sinn und ein viel höheres Ziel: Durch unsere Ehe soll Jesus bekannt gemacht und geehrt werden.

Möge Gott uns helfen, dieses Geheimnis immer mehr zu entdecken und darin zu leben.

Hier nochmal die Füchse der S.T.A.U.P. - Sippe:

<u>S</u>chweige-Fuchs, <u>T</u>äuschungs-Fuchs, <u>A</u>nklage-Fuchs, <u>U</u>nterstellungs-Fuchs, <u>P</u>olygamie-Fuchs

und unsere Mauersteine:

Liebe Glaube Demut Vergebung Wertschätzung Besonnenheit Dankbarkeit Glaube Respekt Einheit Treue

- Wann habe ich meinem Ehepartner zuletzt meine Wertschätzung ausgedrückt?
- Gibt es etwas, das ich dem anderen sagen sollte, vor dem ich mich bisher gedrückt habe? Warum will ich diese Dinge lieber nicht ansprechen?
- Verheimliche ich etwas? Wenn ja, warum?
- An welchen negativen Umständen gebe ich meinem Ehepartner die Schuld?
- Unterstelle ich meinem Ehepartner etwas Schlechtes? Woher kommt das?
- Gibt es Menschen/Dinge, die mir genauso wichtig oder sogar wichtiger sind als mein Ehepartner? Wenn ja, warum?

Gebet:

„Herr Jesus, du bist der allmächtige, allwissende, ewige Gott, dem ich nichts vormachen kann und muss. Danke, dass du nicht dem Tollen Gnade gibst, sondern dem Demütigen. Danke dass du größer bist als meine Angst mich zu blamieren, zu verlieren oder zu kurz zu kommen. Bitte gib mir Mut, die Dinge anzusprechen und auszusprechen, die du gesagt haben willst. Vergib mir, wo ich meinen Ehepartner gerichtet und verurteilt habe. Du allein bist der Richter. Zeig mir meine eigenen Fehler und hilf mir, das Richtige zu tun.

Danke für das Geheimnis der Ehe. Vergib mir, wo ich zugelassen habe, dass andere oder anderes sich zwischen meinen Ehepartner und mich geschmuggelt haben. Gib mir Weisheit, wie viel Zeit und Kraft ich anderen Menschen und Dingen einräumen soll und die Disziplin, das umzusetzen. Hilf mir, meinem Ehepartner treu zu sein und nicht nach rechts und links zu schielen, um Bedeutung oder Befriedigung zu bekommen. Du bist die Quelle, aus der mein Glück kommt. Amen."

Zusammenfassung:

*Weil Gott stärker ist als jeder Lügen-Fuchs und ihr
Oberbefehlshaber, wollen wir uns jeder für sich und
als Ehepaar täglich mit ihm im Gebet verbinden. Wir
wollen Wahrheit glauben und Wahrheit leben und dadurch unsere Mauer pflegen. Dabei setzen wir nicht
auf uns selber, sondern vertrauen darauf, dass der
Heilige Geist in uns das bewirkt, was ihm gefällt, damit unsere Ehe auf Jesus hinweist.*

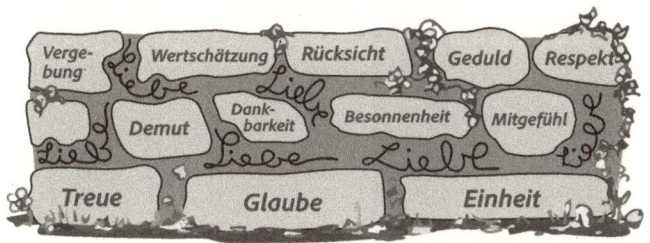